EHS
EDIÇÕES

EHS Edições

Edição: Eriberto Henrique
Organização: Eriberto Henrique & Julliane
Revisão Ortográfica: Os Autores
Revisão Editorial: Julliane Santos
Capa: Eriberto Henrique
Diagramação: Eriberto Henrique
Registros Editoriais: Julliane Santos

Título: Coletânea Quando o Inverno Chegar
Vários Autores
ISBN: 978-65-88883-43-3
Copyright © EHS EDIÇÕES, Recife-PE. 2023.

Todos os direitos reservados. Nenhuma parte desta publicação pode ser reproduzida, armazenada ou transmitida total ou parcialmente, por nenhuma forma e nenhum meio, seja mecânico, eletrônico, ou qualquer outro, sem autorização prévia escrita do autor.
Lei de Direitos Autorais - Lei 9610/98

Dados Internacionais de Catalogação na Publicação (CIP)
(Câmara Brasileira do Livro, SP, Brasil)

Coletânea quando o inverno chegar / organização
Eriberto Henrique, Julliane Santos. --
Recife, PE: EHS Edições, 2023.

Vários autores.
ISBN 978-65-88883-43-3

1. Poemas brasileiros em prosa - Coletâneas
2. Poesia brasileira - Coletâneas I. Henrique,
Eriberto. II. Santos, Julliane.

23-165507 CDD-B869.8

Índices para catálogo sistemático:

1. Antologia: Literatura brasileira B869.8

Tábata Alves da Silva - Bibliotecária - CRB-8/9253

SUMÁRIO

APRESENTAÇÃO

A chuva, o vento frio que abraça, o amor que envolve a alma e apazigua as tristezas de forma acolhedora. A janela embaça, as cortinas ficam quietas, a razão cruza os cômodos da casa entre as sombras e os retalhos de esperança. Esse é o inverno e todas as suas minúcias, com chocolate quente sobre a mesa, ao lado do caderno de borrão.

Inverne-se e siga a estrada nas páginas desse livro e sinta a estação lhe acolher com versos singelos recheados de sentimentos.

Eriberto Henrique

Coletânea

Quando O Inverno CHEGAR

Organizadores
Julliane & Eriberto

8

Alice F. de Oliveira

Nasceu em 1990 em Florianópolis/SC. Formou-se como Técnica em Enfermagem e em 2016 inicia a graduação em Psicologia. O amor pela profissão se intensificou, e a menina era fã de livros, cresceu e virou uma mulher que ama a leitura e o conhecimento. Palestras e debates fazem parte de sua rotina. E, "ser psicóloga é transformar vidas".

INVERNO

Alice F. de Oliveira

Neste inverno quero uma casa na colina e um rouxinol na
varanda a cantar. Uma cerca bem branquinha com Flores
de inverno a enfeitar.

O fogão a lenha no meio da casa, com gravetos sequinhos
a queimar, a brasa vermelha, no fogão o pinhão a estalar.

Neste inverno quero uma sopa quentinha e no intervalo do
filme a pipoca no sofá. Com meu amor no ladinho, cobertor
enroladinho, mais nada a esperar

Da janela tudo é lindo, o vento a sobrar de mansinho, uma
nevoa na colina e o Sol a despertar.

Todos alegres e sorrindo, as crianças pela rua brincando
com a neve gelada, como se não houvesse mais nada.
Só a vida a contemplar.

INVERNO PARA QUE TE QUERO!

Alice F. de Oliveira

O inverno é assim, as vezes quero longe de mim.
O clima frio ressalta o calor humano, dá aconchego,
Torna a vida mais bela e aproxima os corações.

Quem nunca aproveitou o inverno, na janela observar...
A neve caindo no chão e as plantas a congelar.
A paisagem branca virando pintura a emocionar.

O inverno é assim, apaixonante, vibrante ...
Estação emocionante que torna o amor mais quente,
Envolvente, principalmente se for a dois.

Abraçar com carinho, ver a neve branca a cair de
mansinho, bem juntinho, quero você perto de mim.
Esquentar os pés a noite, aguardando o amanhecer.

Ana Cris

É educadora e assistente social, poeta por intuição. Nasceu e cresceu no bairro Capão Redondo, periferia da Zona Sul de São Paulo. Possui poemas publicados na *Antologia Poética Sarau Brasil 2018* e *Antologia Nossos Sentimentos* (2022). Ana Cris acredita que a Revolução pode ser realizada também através do afeto e da poesia!

CORAÇÃO DE INVERNO

Ana Cris

Ontem choveu
E fez frio
O mar ficou
Bravo
O sol foi morar contigo
As estrelas
Não acenderam
Pois você não estava aqui

Ontem choveu
E fez frio
O céu ficou cinza
O mar
Silenciou
O brilho dos dias morreu

Ontem choveu
E fez frio
Mas, para mim
Tudo bem,
No meu coração
Já era inverno

QUANDO CHEGA O INVERNO

Ana Cris

Às vezes a vista embaça
A garganta aperta
E as palavras não saem
Somente o choro insiste em chegar

Às vezes a angústia vagueia
O medo permeia
E a injustiça travestida de justiça reina

Às vezes os deuses evadem
E fica somente aquilo
Que de tão perverso
Sequer se ousa nominar

Às vezes a garoa persiste
O coração acinzenta-se
E a vida decide hibernar.

AnaLu Kattah

Belorizontina, AnaLu Kattah tem 30 anos e mora em Ouro Preto - MG. Formada em Arquitetura e Urbanismo, ela é artista visual e poetisa desde os 14 anos. Seu propósito é propiciar a reflexão e o pensamento, explorando sentimentos, mundos oníricos e experiências. Suas obras são divulgadas na @art_analukattah, e suas poesias e contos estão presentes em nove antologias nacionais.

ACONCHEGO

AnaLu Kattah

É chegada a época
Em que o Sol descansa cedo
E o mundo entre névoas
Nos leva à busca do aconchego

Quando a natureza nos convida
À reclusão dos corpos que cobiçam
A proteção do calor dos lares
Lugares onde nos sentimos
À vontade pra amar

Desejo a todo ser vivente
A condição, o direito de poder repousar
Aquecer a mente, comer algo quente
Aproveitar o frio para relaxar

Ante o vento frio ver a amizade a brotar
Não sofrer no frio...
A primavera no inverno não pode acabar

FOGO DO INVERNO

AnaLu Kattah

Vento vibra árvore decídua
De suas folhas ela foi despida
Uma aparente morte que guarda vida
Das folhas secas ela se libertou

Esta feição oblíqua me inspirou
A olhar a secura de quem me magoou
Meu coração, então, se incendiou
Minha alma, enfim, se despiu
No frio o calor surgiu

O tempo do inverno acende o sentimento
Confirma a força da alma, intensidade e emoção
Folhas são sempre verdes onde toca o coração
As mortas, de gelo, queimadas são

Permito ao fogo do inverno
A libertação e a paixão
Sou uma árvore oblíqua decídua
Em processo de evolução

Aureliana Arcângela

Acredita no poder das palavras, seja ela escrita e/ou falada. E quando essa palavra se torna coletiva, seu poder transborda. Já tem três participações anteriores, duas, já publicadas e uma, aguardando lançamento. Outro sonho que virou palavra, que se transformou em livro, está em processo de acabamento, pela editora Flechas ao Vento.

INVERNAR-ME-EI!

Aureliana Arcângela

Estou queimando
crepitando
fogo intenso
verão.
desejo o inverso
versando em mim!
quando o inverno chegar
tudo o que eu sou, saberá.
calmaria
calma irei
calma terei
alma
alma serei
serei
só!

Bea Cândido

Beatriz nasceu em Mogi Guaçu, interior de São Paulo. Tem 29 anos e atua como Técnica em Enfermagem em sua cidade. Escreve desde os 11 anos. Ela é dona do Tumblr Controlaria onde podem encontrar e se encantar com seus escritos.

NOSSO FRIO

Bea Cândido

Nos deixamos para depois.
O inverno tomou conta dos dias
e nos deixamos tomar pelo frio.
O sentimento esfriou, a saudade congelou no peito
as lembranças se embaçaram na memória.
Não sobrou muito pelo que lutar.
Não sobrou muito o que fazer.
O inverno se instalou e deixamos ele se alastrar.
Deixamos o vento bagunçar tudo
e não fechamos a janela um só segundo.
Não houve nós em nenhum canto,
apenas momentos a serem esquecidos.
Não houve nós em nenhum momento,
apenas dois desconhecidos.
O inverno não era tão frio assim.
Rigoroso mesmo foi a partida.
A ventania não incomodou,
não tanto quanto a indiferença.
Amanhecer coberto não aquecia como nosso abraço,
mas não era nada nosso.
Nem mesmo o fim.

INVERNOU

Bea Cândido

Seria possível me trancar aqui dentro
e sair apenas quando tudo estiver bem?
O frio não me incomoda,
os ventos gelados não me importam tanto assim.
Seria possível ficar?
Me esconder nesse quarto
e não encarar a realidade lá fora?
Me esconder nesse abraço,
nesse curto espaço de tempo,
nesse minúsculo intervalo que tivemos a sós?
O inverno me pegou de jeito,
tudo por aqui esfriou,
mas esse sentimento ainda me aquece.
Me rasga o peito de fora a fora,
me queima na pele e em minhas veias.
Seria possível me esconder até isso passar?
Até o fim não doer mais.
Até que os dias voltem a florir outra vez?

Betânia Leandro

É professora amante da Educação. Apaixonada por escrita criativa e pela língua portuguesa, despertou, desde cedo, o gosto por escrever, usar a imaginação e colocar no papel textos como poesias, poemas, cordéis e paródias. Considera a escrita uma arte prazerosa, admirável, bela...

UM AMOR DE INVERNO

Betânia Leandro

Era inverno na colina
O vento soprava forte
Dentro do peito sentia
Um misto de dor e sorte
E da janela olhava
Ansiosamente ao norte.

A noite parecia eterna
À espera de um amor
Que lhe prometera voltar
Com todo o seu primor
Acalentando o frio
Curando toda a dor.

O dia raiou trazendo
Um fio de esperança
O inverno rigoroso
Despertava a lembrança
Oh, vida, porque é assim?
Por que essa cobrança?

Em meio às noites frias
Bem junto à lareira
Continuava à espera
Deitado numa esteira
Aguardando quem lhe foi
O amor da vida inteira.

E nessa longa espera
Os dias foram passando
Os pássaros de galho em galho
O inverno festejando
Fazendo-lhe perceber
Aquele amor se aproximando.

Ao olhar no horizonte
Seu coração palpitou
Correu ao seu encontro
Esquecendo toda a dor
Abraçaram-se sorrindo
A longa espera cessou.

E num beijo demorado
Permaneceram abraçados
Naquela tarde de inverno
Dois corações entrelaçados
Agora pra vida inteira
Eternamente apaixonados.

Cecília Souza

É Brasiliense, Mestre em Educação, Pedagoga e Artista Visual. Amante da educação e da leitura. Apaixonada por arte e pela intensidade das palavras. Publicações na antologia *1001 Poetas*, Revista *Grande Sertão*, Revista *Multiverso* e *Poesia BR*.

DESPERTAR

Cecília Souza

É uma estação que esfria
Mas merece atenção
Porque há quem goste da ventania
Que vagueia pelos dias
Em comovente emoção
O inverno é assim
Traz diversas alegrias
Permite que o toque seja melhor sentido
E que o abraço seja mais querido
Mesmo aquele mais reprimido
Há quentura sim
Nesse gelado do tempo
Que em seus contratempos
Se aquece de beleza e emoções
Sabendo que nas brisas das manhãs
Perece muitas mentes
Perdidas em inconvenientes
Por palavras não ditas
Causando inúmeras inquietações
A estação desvenda olhares
Onde os sentimentos precisam ser aquecidos
Mesmo aqueles pelo tempo muitas vezes esquecidos
E que são deixados pelo caminho
No percorrer dos espinhos que a vida nos impõe
E que ficam guardados no cantinho de nossos corações
Onde a conversa não teve seu tempo
Mas é sempre bom lembrar
Que frio de inverno
Pede um abraço fraterno

Pra esquentar o amor
E curar as dores de outras estações

Claudia Ricardo do Nascimento

Autora dos livros: *Do Haicaísta em Poesia Haicai: O Universo* Coleção Mulher Maravilhosa Volume 7, ALB Campos RJ Grupo Editorial E Literário; *Nós Três: A Leitura por_________, A Escrita de Claudia Ricardo e a Ilustração de Claudiana Ricardo,* Mágico de OZ; *Em Sobretudo, Política: como caber a função poética? E ... Em Poesia*, ambos, Autografia e *O Mais Belo Pomar*, Edições & Publicações.

OLHA

Claudia Ricardo do Nascimento

O relampejar
O trovejar
A pele sertaneja
Já experimentando o frio
Sentindo o cheiro da chuva
Adiante, a casa branca, de porta e janela
À frente, frondosa árvore
Todo entorno está verde alegrar a esperar
À lateral esquerda, há sedento riacho
O forte vento já as traz
Derramam-se
As pesadas nuvens são bênçãos a chover

Para mim, que sou cearense
Inverno é chover.

INVERNADA SONHADA

Claudia Ricardo do Nascimento

Tal qual o Urso polar aspiro muito hibernar
Interessa-me conviver com o frio e sonhar;

Também me abrigar de ventos intensos
Ó Pinguim-imperador desejo o teu calor;

Suspiro a tão notável beleza e resistência
Tolerar o frio polar que nem a Lebre-ártica;

Proíbo o matar as fofas Foca-harpa filhotes
Tirar-lhes a pele branca e usá-las, caçador
Não é nobre torná-las roupas de inverno;

Sentir-me natural na rica paisagem gelada
Na mais esplêndida e fria estação da neve
Camuflar-me em astuta Raposa-do-ártico;

Que nem a Beluga possuir ecolocalização
E entre os blocos de gelo movimentar-me
Mimetizando vasta multiplicidade de sons;

Do jeito Morsa, ter o viver pacífico e social
Treinar pegar "carona" em blocos de gelo;

No mar, ser Narval, o unicórnio dos mares,
Deslocar-me para águas mais profundas
Sob o gelo grosso e surgindo em estreitas,
No gelo marinho, fissuras e ter glacial vida.

Claudinho DVD

Escritor, poeta, apresentador e compositor da ala Ary do Cavaco do G.R.E.S. Portela. Ganhador do título de Qualificação Literário Polímata pela Academia Independente de Letras e da Ordem Literária Scriptorium.

AMOR DE INVERNO

Claudinho DVD- RJ

Lágrimas em cascata
Escorrendo pelo rosto
Gotas gélidas de ilusão
Temperatura que retrata
Agasalhado desgosto
Na estação do sofrimento
Um congelado coração
Cinzento amor de inverno
Inferno astral da paixão
Tempestade de tormento
Orvalho de tristezas
Na fria janela da alma
Torrente chuva de incertezas.

Cláudio Antonio Mendes

Nasceu e vive em Mutum-MG. Já tem como concretizadas as obras *Uni Versos* (poemas), *O Homem & suas perdas* (indrisos), *Decalogias poéticas* (poemas temáticos), *Versos Infectantes* (poemas), *O castelo de Alice* (contos) e *Duas noites de vingança* (contos).

AGASALHO E VINHO

Cláudio Antonio Mendes

Eu nunca temi o inverno
Com seu sopro congelante
A cerração fina na manhã
É uma imagem fascinante.

A estação me faz recordar
Nossos momentos de amor
Sob o edredom, diante da TV
Inda que o filme fosse terror.

A lembrança não me ofusca
A felicidade de um passado
Nossa separação foi brusca
Mas me parece fato superado.

Sempre que o inverno chega
Não me incomoda o seu frio
O agasalho e um bom vinho
Acoberta a sensação de vazio.

LEMBRANÇA DE UM AMOR

Cláudio Antonio Mendes

Noites longas e dias curtos
E lá fora um vento assovia
Canção de repetido refrão
Na sintonia da melancolia.

Dedos tesos digitam versos
Em uma tela de computador
Falando da angústia de hoje
E da lembrança de um amor.

Encolhem-se em suas estrofes
Os poemas com seus tremores
Reflexos da alma de um poeta
Bafejando tão íntimos temores.

Nunca uma lareira se acende
Dentro do ser solitário e triste
Ainda que a estação fria passe
Um inverno eterno nele existe.

Clayton A Zocarato

Possui graduação em Licenciatura em História pelo Centro Universitário Central Paulista (2005) - Unicep - São Carlos - SP, graduação em Filosofia pelo Centro Universitário Claretiano (2016) - Ceuclar- Campus de São José do Rio Preto-SP. Escreve regularmente para o site www.recantodasletras.com.br usando o pseudônimo ZACCAZ, mesclando poesia surrealista, com haikais e aldravias.

SONHOS INVERNAIS...

Clayton A Zocarato

No amanhecer...
Vou novamente...
Te, querer...
Cobertor está vazio...
Nossa cama chama...
Por um clamar...
Do amor esquecido...
Que em sonhos...
De inverno...
Ficou aquecido...
Dentro do meu coração...
Invernal e celestial...

LEMBRANÇAS GÉLIDAS...

Clayton A Zocarato

No meu tormento...
Fiz um pouco de amor...
Em meio a dor...
Desabrochou sua áurea...
Para sentir uma saudade...
Que consome minha chama...
Grito seu nome...
Depois o silêncio...
Um claustro a lembrar...
A te louvar...
Chamar...
Gritar...
Esperar...
Alcançar...
Abraçar...
Gelar...
Esquentar...
E no gélido...
Almejar...
Um chorar...
De sempre...
Te, amar...

DM

Bacharel em teologia, apaixonada por livros e poemas, romântica incansável e incurável, escritora de pequenos poemas escondidos no tempo e de pessoas.

O INVERNO

DM

Chegou o tempo da espera.
Chegou o tempo de se recolher e recarregar suas forças.
O inverno é tempo de recolhimento.
Assim como as folhas que se recolhem para quando a primavera chegar.
O inverno é o tempo de recolhermos nossas almas para que as feridas sejam curadas.
O inverno é tempo de recarregar as nossas energias para possamos seguir em frente.
No inverno o frio chega assim como a certeza de que em algum lugar encontraremos ninho quente e aconchegante.
Onde possamos descansar nossas almas para uma nova fase, uma nova batalha.
O inverno é tempo de esquecermos o que passou, avaliar o que foi bom e refazer nossos planos.
O inverno é a pausa antes do trabalho árduo de continuar vivendo.
O inverno é tempo de respirar suavemente e esperar.
Apenas esperar.

FAZ FRIO

DM

Faz frio.
É o inverno chegando.
Andar pelas gélidas ruas da existência. Percorrer a vastidão branco do inverno. Lembrar da solidão. Faz frio lá fora e dentro de cada coração solitário e abandonado.
Abandonado pela vida, pelo amor, pela vontade, pela coragem.
Pelas montanhas insipidas caminham passos fracos pelo cansaço. Simplesmente caminhar e não chegar a lugar algum. Quantos invernos são necessários para que a primavera adentre a alma? Quantos caminhos insípidos são necessários percorrer?
O cansaço chega, as pernas congelam, o coração dilacera,
Faz frio. É inverno novamente.

Elisabete Leite

Nascida em Maceió/AL, reside em Recife/PE. Graduada em Letras e Pós-Graduada em Coordenação Pedagógica. Publicou os livros "*O Universo da Criança em Contos*", "*Além do Horizonte em Contos*", "*A Magia das Lendas em Diferentes Olhares*", "*De Tempos em Tempos*", todos pela EHS EDIÇÕES e "*No Túnel do Tempo em Contos*" pela Editora InVitro. Fez parte de diferentes Antologias e Coletâneas em várias editoras. Foi premiada com 2° lugar no IV Concurso Literário Internacional "Justiça e Igualdade Social".

A COR DO INVERNO(...)

Elisabete Leite

A noite desceu escura e sombria!
Lá no céu, a lua deixou de brilhar
Ficou escondida nas nuvens frias
Querendo a todo custo descansar...

Ruas pareciam tristes e desertas
Portas e janelas estavam a soluçar
Sentindo-se sozinhas e incertas
Sem o brilho do sistema estelar...

Chuva fina a tamborilar na janela
Tal qual soluços de gente a chorar
E o cenário sentia a ausência dela
Da lua que fugiu para outro lugar...

E nas estradas e curvas paralelas
O temporal ofuscava a luz do luar
Densa neblina caída na passarela
Ah, o inverno acabou de chegar!

INVERNO POÉTICO(...)

Elisabete Leite

Aves surgem no resto de neblina
Chuva molhando e regando a terra
O sol nasce por entre nuvens finas
Vem luzindo do campo até a serra...

Brilho suave em respeito ao tempo
Alimentando o broto que se enterra
Abre espaço para o sopro do vento
Respeitando a imagem que venera...

O equilíbrio faz parte da natureza
De acordo com o clima da estação
O cenário é colossal, de rara beleza...

É o inverno poético da imaginação
Minha inspiração é a pura riqueza
Que flui do meu iluminado coração.

Fabiola V. Sartori

Tem atualmente 47 anos, leciona na rede municipal de Volta Redonda, escreve desde a adolescência. Desde 2021 participa de antologia. Ela ama escrever e espera que seus textos divirtam os leitores. Tem no currículo 26 antologias entre contos e poemas.

SUSSUROS AO VENTO

Fabiola V. Sartori

Da minha janela, senti o vento correr,
Sem saber aonde ia.
O inverno está chegando,
Se eu fosse o vento feliz seria,
Sem direção e sem tristeza.
O inverno está chegando.

O vento forte, sopra em minha direção,
Sem dó, sem pena
O inverno está chegando.
Ele não se machuca com nada,
Sua força machuca cada alma.
O inverno está chegando.

Ele passa pelos espinhos sem se machucar,
Passo pelos espinhos da vida sangrando.
O inverno está chegando.
O vento desmancha montanhas,
Sou esmagada por elas.
O inverno está chegando.

O vento tornou-se companheiro,
De almas solitárias.
O inverno está chegando.
O vento sabe de sua importância,
Para as almas solitárias que clamam ao vento.

O vento carrega esperanças,
Daqueles que sussurram em seu ouvido.
O inverno chegou.
Escutando os sussurros do vento.
O inverno chegou.
Tudo foi levado ao vento

O inverno chegou
Renovou tudo
Que foi sussurrado ao vento.

Fernando Neto

Natural de Natal. É Administrador de empresas (Uninassau – 2014), atuou nas Tintas Sherwin-Williams do Brasil (2015 – 2021). Desde 2022 atua como administrador de obras. Começou a escrever como forma de expressão, poeta amador em busca de desenvolvimento.

O ACONCHEGO DO INVERNO

Fernando Neto

No aconchego do inverno, o frio se faz presente,
o vento sussurra melodias geladas,
enquanto a noite estende seu véu de estrelas prateadas.

Mesmo com o frio e a bruma que se espalha,
no abrigo do lar, o fogo crepita na lareira,
aconchegando corações com sua chama inteira.

As mãos se aquecem com café fumegante,
enquanto histórias são contadas, num tom envolvente,
o inverno nos presenteia com sua magia ardente.

O INVERNO NO NORDESTE

Fernando Neto

Os sertões áridos ganham um novo viço,
o verde se espalhou, um verdadeiro feitiço,
as caatingas ganham toneladas de esperança,
e a vida renasce, numa dança de bonança.

O cheiro da terra molhada enche os ares,
os rios transbordam, a natureza exulta,
e o Nordeste vibra em sua essência culta.

Nas cidades e nos campos é festa e alegria,
o inverno nordestino é um presente em melodia,
os agricultores se preparam pra colher,
os frutos da terra com amor e saber.

O inverno no Nordeste é uma dádiva,
um respiro para a vida que renasce e ativa,
um tempo de renovação de esperança e bonança.
O inverno no Nordeste é uma verdadeira dança.

Ivane Milhomem

Professora aposentada, residente em Palmas-TO, graduada em História pela UNICASTELO-SP, pós-graduada em História da África da cultura negra no Brasil pela UFT. Em 2022, aos 64 anos de idade começou colocar em textos sentimentos e acontecimentos cotidianos. Tem participação em várias antologias/coletâneas de diversas editoras e poemas publicados em revistas de arte e literatura no Brasil e exterior.

OS LAMENTOS DA ALMA

Ivane Milhomem

Quando o inverno chegar, o clima esfriar
O sol esvanecer, o céu escurecer
O vento bailar, assoviar e rodopiar
Levar folhas e flores a dançar
Deixar rastros de uma bela melodia

Quando o inverno chegar, o tempo fechar
É um convite a diminuir o ritmo
Calar os ruídos do mundo
Fazer um mergulho interior
Escutar e acolher os lamentos

Da alma e do coração
Abraçar os medos, as dores
Os silêncios, a tristeza
Secar as lágrimas
Entrelaçar as mãos

Ressignificar as vivências
Se conectar com a essência
Deliciar-se com o doce e
silencioso regozijo da alma

Jackson Gonçalves

Licenciado em Sociologia, Filosofia e Ciência da Religião. Mestre Eclesiástico em Teologia. Mestre Honório Causas em Ciência da Religião e Doutor Honório Causas em Ensino Religioso. Mestrando em História pela UPF. Membro imortal da Academia Luso Brasileira do Estado do RS; Academia Limoeirense de Pernambuco e Academia Intercontinental de Artistas e Poetas de Curitiba.

LUAR ESTRELADO

Jackson Gonçalves

Amor, extremo amor,
Os invernos benditos,
Que relembram nosso amor,
Frio, talvez da solidão,
Me apego no sofá
Olhando o nosso quadro,
Você foi tão rápido
Com sua camionete branca,
Lembro que olhou para mim
Mas nossa despedida não poderia ser evitada
Tua família tão rude
Fez nosso amor se acabar.
Ah inverno, eterno inverno dos ventos frios
Hoje só resta eu ao lado do fogão
Me aquecendo e bebendo um vinho,
Daqueles que você me manda,
Mesmo escondido.

RECORDAÇÕES DE UM INVERNO

Jackson Gonçalves

Eu caminhava pelas calçadas, folhas caídas...
Era uma tarde fria, eu olhava para o céu azul,
Notoriamente um cheiro de perfume pairou o ar,
Eu já sabia de quem era aquele perfume, e imediatamente,
olhei para trás, quando vi você me olhando.
O vento frio tocava o seu rosto e eu cheguei bem perto,
Levando meu calor e lhe beijando.
Você me olhou, com seus olhos verdes e sorriu.
Uma chuva de pétalas de flor de repente caíram sobre nós,
eu só queria ficar colado em você.
O inverno é uma das lindas estações, que sempre me faz
Sentir esse momento e pensar que poderia ter dado certo.
Porém, nas noites frias pego seu casaco e me cubro.
As recordações dominam minha mente, mas tenho a
esperança de um dia te encontrar por ai.
Se não for aqui, na eternidade te buscarei.

Jaime Seguier

Natural de Natal, é professor de geografia, foi vice-diretor da Escola Estadual Professor João Tibúrcio, especialista em administração escolar e atua como assessor pedagógico. Poeta amador, recentemente, descobriu o prazer de escrever poesias como terapia. Participação em *Antologia Poética Poetize 2023*. Escreveu: *Breve história do Movimento da Esperança no Maristella* (2021).

INVERNADA

Jaime Seguier

É tempo de inverno
os dias são curtos,
as noites são longas,
pode ser chuvoso ou seco.

No sul tropical
vai de junho a setembro,
no norte temperado
vai de dezembro a março.

Para o sertanejo,
profeta por natureza,
basta chover
que a invernada está garantida.

Na estação do frio
é tempo de hibernação,
só depois vem as flores
da primavera.

FOI NO INVERNO

Jaime Seguier

Foi no inverno
que fui à serra
tomei um bom café
com tapioca.

Foi no inverno
que fui ao Sertão
vi fartura de milho
e feijão verde.

Foi no inverno
que conheci o amor
dancei forró
ao som do sabiá e curió.

Jane Sales

Natural de Fortaleza - CE, bacharel em ciências biológicas pela UFRPE, apreciadora da arte, pintora e poeta amadora.

NOSSO INVERNO

Jane Sales

Eu percebo o clima frio,
o ar seco, a neblina entre nós.
No olhar o desvio...
É chegado nosso inverno, teremos flores na estação após?

Eu penso, se nossa energia se bate,
ou se debate,
se bate, se toca?
ou se choca?

se debate, dialogamos?
ou não nos encontramos,
se nos perdemos,
será que nos acharemos?

DEIXA ESTAR...

Jane Sales

Este tempo imprevisível e instável,
deu a uma recordação um súbito renovo.
Como se pudesse ser de novo,
mas de outra forma, voltando com ganas de tudo ser possível.

Que confusão seria após todo esse tempo ser atendido!
Um bem querer recepcionado,
Um pedido perdido,
alcançado...

Acordar para vida um sonho!
Mas, um pensamento me diz:
– Deixa o inverno passar;

–O clima está estranho;
–Deixa o tempo abrir, para ver se tudo isso condiz;
–Deixa a chuva passar, deixa estar...

Jen Garrido

Nascida na cidade do Rio de Janeiro e criada no interior, Jennifer Garrido se tornou professora e ficou reconhecida pelo projeto contra abuso sexual infantil, teve início em sua jornada literária por uma simples mania de escrever todas as vezes enquanto toma café.

O SEGREDO DO VENTO

Jen Garrido

Não tenho medo da nevasca
Tenho medo dos ventos
Aqueles que balançam as folhas da árvore
Que nos serve de abrigo
Abrigo para aqueles que pecam por amor

Não tenho medo do inverno
Tenho medo dos ventos
Aqueles que trazem o seu cheiro
E me arrepiam como o toque dos seus dedos
Aquele vento que divide nosso segredo

Não tenho medo do Frio
Tenho medo dos ventos
Que me levará em seus braços
Quando eu me tornar pó
Junto de todas as memórias
Que somente nós nunca esqueceremos.

SILÊNCIO

Jen Garrido

21 de junho
Com o frio chegou a certeza
Certeza de que seu único pecado era amar
Amar aquele que covardemente ao não fazer uma escolha
Escolheu.

Júlia Guimarães

Graduada em Letras e Esp. em Linguística e Ensino da Língua Materna, entre outras Pós. Em 2013, contribuiu com a escrita de um artigo, publicado num livro intitulado "*Teoria e Prática no PROEJA: vozes que se completam.*" (1ed. IFRN). Foi selecionada com 03 poemas na *Antologia Versos em Sintonia* e 02 poemas na *Miscelânea Poética O Dom da Vida* – EHS Edições.

TÉRMINO DO INVERNO

Júlia Guimarães

O início da primavera chegou,
anunciando o término do inverno.
Lá se vão as noites mais longas,
os dias mais curtos e frios.

Lá se vão os ambientes aquecidos,
os pratos quentes,
entre alternativas da gastronomia,
porque é o fim do inverno.

O inverno termina,
deixando lembranças às pessoas
de momentos de reuniões,
com intuito de aquecerem-se.

PORQUE É INVERNO

Júlia Guimarães

Temperaturas mais baixas,
precipitação de neve,
formação de geada,
porque é inverno.

Noites mais longas,
dias mais curtos,
tempo nublado e frio,
porque é inverno.

Ausência de chuvas, friagem,
temperaturas amenas,
geadas e nevascas,
porque é inverno.

Atenção à respiração,
ao sentimento de solidão,
às alterações do cotidiano,
porque é inverno.

Jussara Rocha Souza

62 anos, poetisa e artista plástica. Publicações em 5 antologias, segundo lugar feira do livro de Rio Grande 2023, conto premiado Academia de Letras Gravaltalense.

FAZ FRIO NO CORAÇÃO

Jussara Rocha Souza

A noite está fria e ao corpo arrepia, o outono se esvaindo é mais um inverno surgindo.
Lá fora os passos na calçada fazem a trilha sonora desta melodia inacabada.
O poeta entristeceu e de saudade rasgou os versos que o amor a sua alma desenhou.
O corpo franzino, encurvado já não lembra o menino, acende o fogão, esquenta ao fogo suas mãos, uma chama ilumina a seu olhar que se apaga rapidamente e ao nada volta a mirar.
É mais uma estação, somente mais uma estação...
Os passos na calçada voltam a entoar a repetida canção,
Pobre poeta em que composição ficou perdido seu coração.

Leide Freitas

Cearense. Escreve desde a adolescência e destruiu a maioria dos poemas e textos, sempre adiando o desejo de escrever, esperando o tempo certo que nunca chegou. Coletivos: Escreviventes, Poexistência e Mulherio das Letras do Ceará. Obras: *O diário de Sabrina*; *Em tempos de pandemia*; *Zines: Semi-eróticos*; *Renasço de todos os naufrágios*. Participação: antologias e revistas digitais @leidefreitas.escritora

UM DIA DE CHUVA!

Leide Freitas

Três semanas de chuvas
Chuvas suaves e deliciosas
Eu só quero um dia de chuva
Com meu amor em meus braços
Olho pela janela escancarada
Chuva nas árvores, calçadas
Ruas e casas molhadas;
O dia ligeiramente embaçado
Um dia vestido de branco
No corpo um frio gostoso
Vontade de ter você comigo
Nem precisaria conversar
Bastava ficar juntinhos
Em nosso cantinho
Só apreciando a companhia;
Quem sabe? Apenas
Um cheiro, um carinho,
Um suave beijinho
Tudo bem simples;
Eu abraçadinha contigo
Sentindo de leve o teu cheiro
Porque iria ficar te cheirando
Como uma gatinha no cio
Demarcando territórios
E depois quando cheirar
Não fosse suficiente
Então, iria te beijar
E te abraçar bem gostoso
Nossos corpos em fogo

Teus olhos escurecendo de prazer
Querendo me atravessar
E ir além da chuva e do frio
Que me causa prazer e arrepio
Tua boca experiente na minha
Reagindo meu corpo quente
Brasa viva e incandescente
Que há muito estava escondida.

Líver Roque

Nasceu na cidade de Cambuí, Sul de Minas Gerais. Formou-se em Magistério e depois em Letras e Pedagogia. É Pós-graduada em Letras com ênfase em Literaturas. Atualmente é Coordenadora Pedagógica e Supervisora da Educação Básica. O desejo de escrever surgiu ainda na infância e ficou adormecido, mas nunca esquecido, pela necessidade de trabalhar para ajudar a família. Iniciou na carreira literária aos 60 anos de idade.

DIAS NOVOS, NOVOS DIAS

Líver Roque

Hoje o sol não apareceu.
Talvez se encontre lá em cima
No firmamento, tranquilamente,
Deitado sobre um colchão de nuvens.
O sol não apareceu e um frio insistente
Recorda que o inverno não findou
E insiste em ficar entre nós.
Deve o frio sentir frio e deseja ficar em nosso calor.
O dia está frio, não apenas nublado, está nebuloso.
Não chove mais nesse momento.
As calçadas e ruas ainda guardam
Pequenas gotas da chuva que caiu,
Pequenas pérolas deixadas a esmo sobre o chão.
Faz frio e o frio nos toca mansamente, levemente,
Não quer que o sintamos afoito
Prefere, quem sabe, que recordemos
De que ainda está entre nós.
Apenas hoje, o frio nos esfria a mente, as ilusões.
Amanhã, quem sabe, o sol nascerá majestoso,
Deslumbrante, imperioso e reinará absoluto
E tocará a todos com seus raios, sua luz, seu calor
E novamente aquecerá os corações,
Tão desejosos de dias iluminados,
Tão desejosos de claridade,
Tão necessitados de luminosidade.
O sol nascerá nos corações
Para nos mostrar o rumo certo,
A direção correta a ser seguida.

Amanhã, quem sabe, as calçadas não estarão molhadas,
Nem úmidas da chuva que caiu.
Quem sabe amanhã o sol tocará nosso rosto logo cedo.
Bem cedinho entrará por nossas janelas,
Ou pelas frestas da vida e nos acariciará a pele.
Quem sabe amanhã ao raiar do novo dia
Renovado pelo calor do sol,
Mesmo que seja um calor morno de inverno,
Quem sabe amanhã
Estejamos mais felizes, mais animados, mais dispostos
A sorrir novamente,
Mas hoje faz muito frio. O inverno ainda está entre nós.

Lourival Araujo

Nascido na cidade do Recife – PE. Graduado em História pela Universidade Federal Rural de Pernambuco. Mestrando em Design pela Cesar School – Recife – Pernambuco.

RESISTÊNCIA

Lourival Araujo

a lua desaparece
entre as nuvens
no último canto triste
da cidade
um som suave e ritmado
sobe para a noite

um sopro suave de som
que se espalha
pelos espaços frios

uma canção
de esperança e esforço

o medo que cobria o mundo
se amontoa
contra os corredores

a música flui
como uma fina camada
de afeto sobre os corpos
cansados

é madrugada
e daquele ponto triste
da cidade cansada
a suave energia da esperança
penetra nos corpos
e os faz resistir

A SEMENTE

Lourival Araujo

o frio desliza
em camadas
sucessivas
sobre o campo
e uma pequena flor
resiste
comprimida
entre as paredes
de uma montanha

a imagem surpreende
pela fragilidade
colorida
das pétalas
e pela resistência heroica

suas longas folhas e galhos
dobram-se
ao fluxo deslizante do frio

suas finas raízes
penetram fundo
no coração da pedra

e transformam a dureza
das horas de semente
em flexibilidade
que avança
em direção ao futuro

Luciene de Fátima Frade Caldonazo

Cirurgiã dentista, especialista em Saúde Pública. Bailarina, focalizadora de dança circular, amante da escrita e das artes. Organizadora do Espaço Wilma Frade que apoia arte e cultura. Também organizadora do Concurso de Contos Curtos do Espaço Wilma Frade, que está na sua segunda edição.

É O INVERNO, SIM SENHOR!

Luciene de Fátima Frade Caldonazo

Quando chegas, muitos já te querem distante,
Pois, não discrepante, seu antecessor a ti se assemelha!
Outros, porém, apreciam seu abraço gelado,
Anseiam, de bom grado, o apagar da centelha!

E tu vens com uma música de agudas notas,
Transforma-nos em janotas cobertos de lã e veludo!
Transeuntes desfilantes, como “casulos de borboletas”,
Com luvas obsoletas, cachecol e sobretudo!

Intrepidamente, não obstante às preferências,
Chega, sem reverência, a estação do arrepio!
É o inverno, sim senhor!

Que sem pudor, te fará tremer de frio!
E gostando ou não deste prepotente empoderado,
Ver-se-á obrigado a render-se a seu alvedrio!

Magno Assis

Cantar o amor e a vida; gritar contra as injustiças, a opressão e a misérias humanas e assim vai fazendo sua caminhada. A estrada começou na área rural de Antônio Dias/MG, passou por Coronel Fabriciano/MG até chegar à Juiz de Fora/MG, onde está até hoje. Graduou-se em Administração de Empresa e em Letras. Tem trabalhos publicados em 65 antologias. Casado e pai de 2 filhos. Conheça mais dos seus passos no blog: magnoassispoesia.blogspot.com

INVERNO

Magno Assis

Na escuridão
O silencio
Faz-me ouvir
Os passos
Da solidão
Invadindo
Meu universo.

E vai invernando
Meus passos
O sol não vem
O luar não aparece
E tudo que resta
O frio incessante
Que cala
Meus sentimentos

Sem o calor
De quem amo
Meu corpo
Desfaz-se
Em partes
Que se espalham
Ao vento
À procura
Da primavera
Que não
Mais existe

Sem cor e perfume
O caminho
Não leva
A lugar nenhum
Fico perdido
No meio do nada
Sem rumo
Sem direção

Clamo
Por minha solidão
Que não é
Midiática
Não tem senha
Para abrir
Um caminho
Rumo à primavera

Sempre sozinho
Não sei
Onde chegar
Para encontrar
A vida.

Márcia Regina Fernandes

Nasceu 1968, na cidade de Alfredo Wagner interior de SC. Formou-se em História na Universidade Federal de Santa Catarina. Pedagoga e Artista Plástica que desenvolveu esculturas a partir de garrafas, exposição “Simplesmente mulheres de cores e amores” em 2019. Hoje aposentada dedicando-se inteiramente a arte e literatura.

FRIO APAIXONADO

Márcia Regina Fernandes

No inverno quero ouvir o vento soprar
as palavras doces que baixinho vou te falar.

A relva molhada do orvalho,
congelando o capim dourado, vai declarar o quanto estarei apaixonado.

E quando pensar em fugir deste lugar,
que aparenta sombrio pelo frio a congelar...

Vou lembrar de você amado
e suportar o clima inesperado.
Do baú velho pegar o cachecol rosado
e luvas para combinar.

Para compor um look ousado,
tem casaco colorido amassado
e as botas de couro fake azul.

Nas entrelinhas da noite fria,
o fogão a lenha esquenta o inverno.
Gravetos a queimar viram brasa,
como a esperança no coração.

Preparado para tudo, a neve, a geada, o frio avassalador.
E se mesmo assim o coração congelar,
faremos no caminho um belo ninho,
para de emoção e esquentar.

CALOR HUMANO

Márcia Regina Fernandes

É frio lá fora e aqui o calor
No aconchego do lar não falta...
calor humano e tão pouco o cobertor
no inverno a sombra não é confortável
mas sob o Sol o aconchego e o calor.

Lá fora continua frio,
com alguns corações vazios
de esperança e de amor.
Falta carinho e agasalho
E muitas vezes nos falta coragem
de agir frente a dor.

É hora de esperança e luta
Acreditar que para tudo tem solução
Um passo de cada vez
Sem perder a imaginação
Trazer para o coração
o amor que a vida tem pra dar.

Marcus José

Nasceu no bairro da Guabiraba, em Maranguape-Ceará, no dia 17 de novembro de 1977. É Geógrafo (Licenciado e Bacharel pela UFC), Professor (Rede Estadual e Municipal/Maranguape de ensino), Escritor (15 livros publicados) e Mestre em Educação Profissional pelo IFCE – Fortaleza.

PLAUSÍVEL ENCONTRO

Marcus José

Ah! A Terra gira, ainda bem...
Todo dia, movimento de rotação
Novo momento que sempre vem
Acompanhado da natural transição.

O que seria, de nós, então
Se tudo permanecesse parado?
A cada ano, nova translação
No universo, um abissal legado.

Tempos que mudam, naturalmente
Com as quatro estações do ano
Como eu amo um chocolate quente
Alegria imensurável, sem engano.

Plausível encontro, inverno querido
Três meses de necessária "solidão"
Período, por muitos, mais preferido
Frio, para aquecer a nossa emoção.

Queda nas temperaturas, sensacional!
No meu quarto, agasalhado, felicidade
A localização latitudinal, longitudinal
Traz uma profunda nostalgia, saudade.

De poder, novamente, voltar a sentir
Aqui, pertinho da Linha do Equador
Através da poesia, tempo de sorrir
Despeço-me, aqui, do público leitor.

Marise Rêgo

É Professora da rede pública Municipal de São Luís, graduada em Pedagogia e Pós-Graduada em Psicopedagogia e Educação Especial. Já participou de duas antologias pela Editora Versejar. Sua inspiração poética surgiu após o falecimento da sua irmã também poetisa e participa do CEM - Coletivo de Escritores Maranhense.

INVERNO

Marise Rêgo

Tempo frio, onde o corpo pede abraços,
agasalho e calor.
É tempo de dormir ainda mais agarradinhos,
feito dois passarinhos, aninhados numa torrente de amor.

Inverno, é tempo lindo, estação gélida,
Onde a chuva cai inesperada.
Quem nunca perdeu a hora, e ficou a contemplar
Um forte temporal?

Olhando pra chuva, meus olhos captam poesia.
Uma forte tempestade invade o meu ser.
E nesse ritmo lindo da chuva
Chove inspiração, da alvorada até o anoitecer.

Quantas lágrimas se confundem
com os pingos fortes da chuva,
ninguém nem percebe, pois a chuva
também é lágrima de deserto árido infértil.

Inverno é chuva que cai, molhando o assoalho,
encharcando nosso chão, quantas tempestades
são as vezes construídas por escassez de educação.
A chuva é uma benção divina, não é destruição.

Água de amor, oceanos de anseios,
inverno é tempo místico, estação dos mais quentes
abraços e beijos.
Uma noite chuvosa reconcilia muitos casais,
Pois o calor humano, quando chove é bom demais.
Que sempre chova amor, nessa estação de desejos.

Marli F Freitas

É professora, historiadora, escritora e poeta. Nasceu em Dom Cavati, MG. Três livros publicados: *Fase Poética*, *A Face da Flor* e *Entre a Terra e o Céu*. Tem participação em várias antologias poéticas, crônicas e contos. Doutora Honoris Causa em Educação. Embaixadora Imortal da Paz.

INVERNOS DE MINHA INFÂNCIA

Marli F Freitas

Os invernos de minha infância se confundem
Com aglomeração familiar em torno do fogão
À lenha... Diante da mágica produzida pelas
Labaredas, minha mãezinha se movimentava
Na tentativa de fazer do instante um evento
Singelo, com pratos simples, porém, cheios de afeto...

Enquanto o meu paizinho fazendo caras e
Bocas certificava se os ouvintes estavam
Atentos, um enredo mergulhado em
Reinados, abóboras, carruagens,
Príncipes e princesas que, fatalmente,
Seriam felizes para sempre se desenvolvia.

Quão doces foram os gestos da minha mãezinha!
Quão indispensáveis foram os enredos do meu paizinho!

ENTRE A ENCOSTA E O MAR

Marli F Freitas

Diante de uma frente fria que me envolveu
Em casacos e cachecóis, veio-me vividamente
Um inverno em particular... Em um cenário
Atípico (numa encosta à beira-mar), quando
Ainda era uma menina franzina de saia rodada
Que ignorou a estação e se encantou com o mar.

Ainda me lembro do sussurro do vento que
Quase me levou a voar... Nasci assim:
Ocupada demais para ver o perigo,
Observadora demais para não perder a poesia,
Curiosa demais por conhecer os mistérios
Escondidos entre a encosta e o mar.

Maurício da Silva Lucas

Natural de Belém-PA, militar, transeunte poético e amante de esportes, música, cinema... artes em geral. Ativo na presença de Deus.

FRIEZA ERRANTE

Maurício da Silva Lucas

Ah, os caminhos tortuosos nos congelam
Direcionam-nos por meandros frios
Vigiando o nosso calor a se esvair
Ah, caminhos tortuosos, saiam daqui
Adentrem a frieza daqueles a partir

Procurem as noites frias de inverno
Perturbem tão somente os sem fé, frios
Pois se a fé remove montanhas, num orar
O que dirá daqueles a congelar vivos
Ah, caminhos invernais, que inferno!

Esquentar desse jeito é pecar no paraíso
Prefiro o gélido a ser caloroso a lamentar
Somos estações de inverno em avalanche
Num sopro ártico, leva-nos adiante
O que pensar, senão dum riso, suspirar

Por isso corro a me esquentar, inverno
Atento a tudo e a todos de cachecol
Porque sei que a vida, em nós, congela
A dor de sentir a tremer, caladinho
Sem ter a coragem de dizer: ui, friozinho!

Nari Hugen

Nascido em 05/09/1976, natural de Rancho Queimado/SC, filho de lavradores, tem o segundo grau completo. Faz residência no município de São José/SC. Casado com Elenice Muller Hugen e tem um filho - Henrique Muller Hugen. Tem paixão em escrever. Exerce a função de mestre de obras, escritor e poeta com dois livros solos, *O Íntimo de uma Solidão* pela Editora Baraúna e *Crônicas de um Sorriso* pela Editora Illuminare. Coautor em antologias, selos, haicais, e revistas de diferentes editoras. Instagran: @hugennari.escritor

VINHO DE OUTRA ESTAÇÃO

Nari Hugen

Quando o inverno enfim chegar
Me vestir do fogo da paixão
Dos desejos na consumação
E no calor do prazer estar,

Debaixo das asas do conforto
Ao calor do fogo da lareira
Acesa na noite inteira
Ofertar o aconchego do abraço,

Chama a lumiar o vislumbre
O dia se vestindo da escuridão
Na taça, o vinho de outra estação,

A embebedar os beijos de amor
Quão abelhas a buscar o pólen da flor
Dois lábios no toque do desejo a se aquecer!

NOS NOSSOS BEIJOS!

Nari Hugen

Hibernar o meu coração, no nosso ninho de amor,
No teu colo de calor, extasiar até o tempo passar,
E me alimentar da paixão e saciar tua fome,
Nos nossos beijos,

Quando for fazer frio, além do que podemos suportar,
Nesses dias de inverno, tão gélidos lá fora,
Se apraze nosso abraço, quão o fogo,
Dos nossos desejos,

A ânsia dentro da nossa alma,
É pela primavera logo chegar,
Com fé esperar,

E aflorar do nosso ninho de amor,
Desabrochar no jardim da vida,
E ao mundo testemunhar!

Paulo Azevedo

Mora atualmente em Campo Grande/MS. É formado em Letras e Teólogo. Com Especialização em Tradução e Interpretação da Língua Inglesa, Filosofia/Sociologia, Ciências Sociais e Psicologia Social, é poeta e artista plástico. Lançou livro de poemas líricos e participou de várias antologias pelo país, foi professor em escolas públicas e em cursos de idiomas, e atualmente trabalha no Setor Público Federal como Avaliador.

ABRAÇO FRIO

Paulo Azevedo

Sou por muitos odiado
Fiz por tantos, parceria
Torno menor o seu dia
E ajudo seu sono cansado.

Meu hálito frio no remanso
Meu ardor em vossa pele
Este abraço meu te impele
A se aquietar em descanso.

Não sou bom, tampouco mau
Sou qual simples visitante
Um cigano itinerante
De beleza irracional.

Eu te visto de elegância
Bom pijama, casaco ou terno
Ainda que rime com inferno
Há em mim nobre importância.

Paulo Roberto Silva

Nascido em Bauru/SP e, 19.10.1958. Mestre em Serviço Social e Especialista em Recursos Humanos. Coautor em 260 antologias e 02 e-books. Autor de 27 livros solos e de 11 peças teatrais. Atuou como ator em várias peças teatrais e em 02 Produções Cinematográficas. Membro das Academias: ECLAAP E ALEGRO, Patrono: Rodrigues de Abreu.

INVERNO DO MEU AMOR

Paulo Roberto Silva

Abraços prolongados
Corpos aquecidos
Beijos gelados
Inverno do meu amor.

Duas almas ardentes
Dois corpos prontos para o amor
Dois corações que pulsam freneticamente
Inverno do meu amor.

Estação que fascina
Convite para união de corpos em noites geladas
Vinho para celebrar
Inverno do meu amor.

Inverno – noites longas
Inverno – noites de aconchegos
Inverno – noites com calor humano
Inverno – noites do meu amor.

SONHOS DE INVERNO
Paulo Roberto Silva

Eis que paro para ouvir
Suave música que toca
Lareira que aquece o ar
Eu e você – unidos para ver o inverno passar.

Frio que congela
Coração que aquece
Tremores de prazer
Amor à flor da pele.

Eis o inverno!
Nós em nosso casulo
Protegidos dos ventos noturnos
Sorrindo para a felicidade.

Sonhos de inverno
Hibernar sob os cobertores
Corpos abraçados para o balé da vida
Visibilidade incrível do nosso amor.

Rubiane Guerra

É professora de Literatura, Língua Portuguesa e Língua Espanhola. Licenciada em Letras - Língua e Literatura da Língua Portuguesa; Licenciada em Língua Espanhola; Bacharel em Biblioteconomia. Especializada em Literatura e Língua Portuguesa, Biblioteca Escolar e Mídias na Educação.

INVERSO

Rubiane Guerra

Já não tenho os pés nus no verão
A pele já não aparece mais
São sombras de uma luz que foi se apagando
Neblinas percorrem meus passos
Embaixo do meu guarda-chuva escrevo causos

São chuviscos que se grudam...
Alimentos para a alma cansada
É essência que percorre o ser
Pinturas de uma nova era que faz acontecer
A nova arte em escrever

Como é passageira a vida!
Noites e dias se vão...
Vida que corre com a estação

É branco em meu ser!
Inverno...
In Versos!

Sandra Dutra

Nascida em Recife/PE. Criada em Natal/RN. Graduada em Letras pela UFRN e membro do Mulherio Nísia Floresta/RN. Mestre em Literatura Comparada. Ativista pelos direitos das mulheres, por uma educação digna e de qualidade e por direito à alimentação.

INVERNAR

Sandra Dutra

O invernar simplesmente me encanta
Nasci no inverno, precisamente em agosto
Naquele tempo, o frio e a chuva eram abundantes
Lembro-me da minha infância
Quando, nos dias frios, sempre tinha um acalanto
Um gostoso aconchego
Acompanhado de uma vitamina gostosa com chocolate
Ao deitar, sentia o perfume e a maciez das cobertas
Não queria outra vida
Bem aquecida, podia ver televisão o dia inteiro
Divertir-me com desenhos até hoje atemporais
Ah, como amo o invernar!
Como é agradável senti-lo!
Como eram bons aqueles tempos
Que tão depressa passaram entre os meus dedos
Era feliz e acho que sabia
Senão hoje não estaria
Com essa profunda nostalgia
Daquele lindo e inesquecível invernar!

INVERNO, MEU AMOR

Sandra Dutra

Lugar gelado
Coração quentinho
Invernando
A bela manhã do inverno está chegando
Unindo as criaturas que se amam
Aconchegante
Escrevo em seu louvor
Apaixonada pelo inverno sou
Aquece minha alma
Meu sono é mais profundo
Protejo o meu amor com meu abraço
Vejo a natureza em constante transformação
Pelo mudar das estações
Feliz daquele que aprecia todas elas
E sabe que a vida é isso
Constantes mudanças
O inverno muda nossa perspectiva
O externo é frio
O interno, quente e seguro
Na lareira, com um vinho tinto suave, com meu amor
Assim quero estar.

Sidi Silva Jerônimo

Artesã e poeta de Volta Redonda- RJ. Escreve poesias desde a infância e vê a arte como uma forma de expressão da essência do ser.

PARTIDA

Sidi Silva Jerônimo

As folhas caíram
O jardim secou
A alma foi aos recônditos em busca de calor
A névoa encobre o vilarejo
Aqui dentro tudo em mim se preparara
Não há acolhimento
Não há aquecimento
Pela janela o que vejo
É reflexo do que sinto
O Sol se foi
Assim como o gosto da vida e o frescor da juventude
A morte visitou-me levando aquele que eu amava
Sozinha e gélida fiquei
O inverno agora é bem mais que uma estação
É meu estado de alma

NOITE FRIA, CORPO QUENTE

Sidi Silva Jerônimo

Corpos grudados
Calor que aquece na noite fria
Conchinha
O encaixe perfeito nas costelas
O arfar do corpo ardente
O inverno que torna tudo frio é o mesmo que aproxima e esquenta os amantes
A química perfeita
O vinho e o queijo quente
Boca pedindo beijo
Ele, assim como o inverno é quem me faz florescer na primavera

Silvana Mara

Letróloga, mulher, mãe, gateira e poetisa. Mineira e soteropolitana de coração, através da escrita descortina um mundo de sentimentos e sensações que se revela em poemas com versos em rima feitos de cor!

ALMA LIBERTA

Silvana Mara

De repente abre a porta
Lá de dentro sai ligeira
Tanto tempo escondida
Corre agora bem faceira
É momento oportuno
De fugir bem sorrateira

O vento ruge ao longe
A neblina começou
Folhas secas na estrada
Vai marcando quem passou
Lembranças descobertas
Outra estação chegou

Aventura começando
Não sei onde vai dar
Vou seguindo meu caminho
Muita coisa a lapidar
Removendo arranhaduras
Pra alegria fecundar

Coração vai disparado
No caminho traiçoeiro
Foi ferido tantas vezes
Num compasso corriqueiro
Tempestade ensinando
Não ficar aventureiro

Melancolia no percurso
Não quero olhar pra trás
Tantas sombras atrapalham
A alegria tão fugas
Sensações despertadas
Amor frio não satisfaz

Minha alma já liberta
O frio não amedronta
A felicidade é o lema
Coração não desaponta
Vou sorrindo loucamente
Neste inverno que desponta

Sinamon Vieira

Sinamon é de Santa Luzia - MA, Professor de matemática da rede Estadual e Municipal. É graduado em Matemática (UEMA), tem duas especializações em matemática. Têm 57 poesias, uma foi publicada na *Antologia - Era uma vez o amor*: (Lembranças daquele dia), uma na *Revista Arte Literária*: (Viver sem você) e outra na *Antologia Inspirações José Saramago*: (Um ponto no meio do nada).

MEU BEIJA-FLOR

Sinamon Vieira

Chuvinha boa
Boa pra namorar
Namorar meu beija-flor
Beija-flor distante dos olhos
Olhos para meu amor

Chuva que cai
Ventos que sopram
Cabelos a voar
Voa meu beija-flor
Vem me encontrar

Chuva que molha
Molha meu beija-flor
Aqueço seu corpo
Com meu cobertor
Que beijos têm meu beija-flor

A chuva passa
O vento frio a soprar
Os corpos se aquecem
Grudados um ao outro
Beija-me meu beija-flor

Beija-flor
Que beija com vontade
Desejos que tem sabor
Sabores quentes
Sabores mordidos

Beija-flor que beija
Com beijos doces
Beijos suaves
Beijos macios
Beijos que aquecem

Aquecem o coração
Aquecem a alma
Os dias ficam mais verdes
Verde como a natureza
Que a chuva faz respirar

Beija-flor
Que beija quente
Abraça forte
Respira profundo
Ao sussurrar aos meus ouvidos

Ar quente penetrando meus ouvidos
Aquecem minha mente
E as libidos a aflorar
Boca na boca
E a chuva a voltar

Tatiana Roveda Bizotto

É Psicopedagoga, formada em Pedagogia Educação Infantil e Séries Iniciais, com especializações em Educação Infantil e Psicopedagogia. Apaixonada por livros, poemas, literatura, escritora infantil e poeta nas horas vagas. Atua como Coordenadora Pedagógica dos Anos Iniciais e Finais.

O INVERNO NO SUL DO BRASIL

Tatiana Roveda Bizotto

Lembra frio? Também, mas para mim aconchego, conforto e até calor,
Pois felizmente temos com o que nos aquecer.
É tempo de refletir, de agradecer...
Tempo de ajudar, de agasalhar,
É a estação do ano mais romântica,
Fogo na lareira, uma taça de vinho...
Biscoito caseiro e chocolate quentinho...
Até neve, porque não?
Parece uma magia, os flocos lentamente vão cobrindo a paisagem,
Tudo fica branquinho, e as pessoas ficam vislumbradas com tanta beleza.
É Deus se manifestando na natureza!
As ruas viram galerias de arte, os artistas de todas as idades, mas tem um olhar infantil, faceiro, e até arteiro!
Entre uma obra e outra, uma guerrinha de neve, sorrisos, novas amizades...
Bonecos e animais de muitas variedades, fotos e vídeos para eternidade!
O tempo passa sem perceber.
Depois voltam as casas para se aquecer.
Banho quente, comida na mesa, cama fofinha...
É hora de agradecer! Todos os dias somos felizes sem perceber.
De que temos tudo que precisamos para viver.
É hora também de pedir, que Deus ampare, aqueça e alimente.
Aos que infelizmente, precisam do básico para sobreviver.

Vanice Ricardo do Nascimento

Fortaleza - CE. Professora e Poeta. Têm poemas publicados em diversas antologias. Autora do livro: *Vidas* pela Coleção Mulher Maravilhosa Volume 8, uma edição da ALB Campos RJ Grupo Editorial e Literário.

MUDANÇA

Vanice Ricardo do Nascimento

Estava nervoso era a primeira vez que saía de sua cidade
Iria morar bem longe de casa, nem acreditava, passou
Sim, concursado, os pais não queriam que fosse
Mas era seu empenho, desempenho e o resultado.

Tanta dedicação, leituras dos livros, das pessoas
Dias sem perceber a luz do dia, a praia, a diversão
Uma construção de pensamentos colocando um por um
Os pais entendendo tudo sem saberem ler os livros.

A mãe abdicando de seu carinho para não desorganizar
A mente de seu menino que agora será do mundo
O menino que abria a janela para falar com as estrelas
Agora homem abre a janela e sente o inverno de mudanças.

A estação do inverno que trouxe a sua conquista
Resolver respirar no parque de seu bairro
Sente a mudança do tempo, da natureza, é o inverno
É o inverno em sua vida, feliz estação de mudanças.

AMIGO DA ESTAÇÃO

Vanice Ricardo do Nascimento

Quem não sai de casa não sente as mudanças
Assim falou um amigo de longa data
Estava chateado porque eu nunca saía de casa
No outro dia deu-me um presente.

Um cachorrinho lindo: pelo branco, misturado com preto
Focinho coberto de alegria, sorri, gostei do bichinho
Ajeitei seu cantinho, e mudei minha rotina
Ração, tosa, vacinas, cuidados.

Mas a grande mudança, é ter que passear todos os dias
Sim, passear e voltei a sentir as estações
O ventinho agradável denunciava o inverno acolhedor
Na minha pele, no meu coração.

Wanda ROP

Paulista, residente em Porto Velho-RO. Formada em Filosofia, História e Segurança Pública, Major PM. Pós-Graduada em Estudos Linguísticos e Literários; e MBA Executivo em Negócios Imobiliários e Turismo. Gestora Imobiliária atuante. Na carreira literária é Ativista Cultural, Embaixadora Cultural Brasil-África e Comendadora da Cultura Nacional.

DANÇA AO LUAR

Wanda ROP

"Quando o inverno chegar, ó querido amante
Em auroras gélidas envolvendo cada instante
As alvas flores adormecidas nos jardins
Teu coração, ah, sentirá os desígnios divinos

Nas asas do frio, o vento sopra em segredo
Sussurrando palavras de amor, doce enredo
Os raios de sol, tímidos, em recolhimento
Despem-se das cores no firmamento

Dois seres se encontram em dança ao luar
Trocando juras de amor e carinho
As estrelas distantes em deslumbrante cintilar

Testemunhas silentes do amor eterno
Seus olhos são faróis iluminando a escuridão
Nossos corpos aquecidos, ternura e paixão"

MOMENTOS INVERNAIS

Wanda ROP

"O frio abraçará nossa pele ao relento
Momentos invernais chegarão, meu amor
Mas não tema, pois, nosso intenso amor
Aquecerá cada cinzento momento

Nas noites geladas e estreladas
Em teus braços eu me encontrarei
Nossas almas amalgamadas
Envoltas em ardente desejo, apaixonadas

No silêncio da neve que cai lentamente
Em teus olhos encontrarei sentimentos
Iluminando a nossa eterna magia de amar

Unidos em noites de extremo carinho
Corpos em êxtase, nosso calor florescerá
E o inverno jamais poderá nos separar"

Eriberto Henrique/ editor

Natural de Jaboatão dos Guararapes-PE. Designer, escritor poeta, editor, quadrinista e roteirista. É membro da Academia Independente de Letras. Eriberto é CEO e criador da prestadora de serviços editoriais, EHS Edições. Tem vários livros escritos e publicados nos gêneros: poemas, crônicas, romances, contos, infantis e HQs.

NOSSAS LIVES

Eriberto Henrique

O frio me abraça!
Singularmente toca meu sangue periférico,
Toca as feridas cicatrizadas ou não,
Como simbiose fluídica
Conectando a alma e a carne.
Espera o fim da tempestade,
Quieto,
Orando no quarto sombrio,
Pedindo força para permanecer de pé.

A água corre pelos bueiros,
As lágrimas rolam na face,
De quem tira a lama na estiagem.
Na beira do canal um sorriso,
Um reflexo de esperança,
Como um orvalho que toca a flor no silêncio da madrugada.

Existe amor por aí!
No coração do poeta,
Na conjugação verbal,
Na brisa que invade a sala,
Enquanto o poema desabrocha espontaneamente,
Desenhando verdades e libertando o que nunca esteve
preso.

Falo do passado pensando no futuro,
Olhando o inverno que chega,
Que molha a folha de papel sem vida,
Inverno estendido nos varais
que secam as roupas na brisa.

Falo dos meus sonhos,
Como a chuva fina que molha as plantas,
Nesse agora,
Nesse presente do indicativo,
Onde crer é muito mais que acreditar,
É respeitar a dor sentida,
Entre acordes de uma canção.

Quando o inverno chegar, sempre estaremos aqui!
Correndo com o coração na mão,
Aproveitando cada segundo,
Indo e vindo,
Escrevendo cartas de amor,
Olhando nuvens carregadas,
Com nossas abstinências
e outras verdades adormecidas no abismo.

AGRADECIMENTOS

Na graça de Deus, nosso Criador, concluímos mais uma missão, saudando o inverno e todo seu aconchego, olhando a chuva cair pela janela, lavando as ruas e nossas almas. Obrigado a todos os participantes que acreditam em nosso trabalho, é sempre um prazer celebrar a vida com vocês, meus irmãos.

Continuem escrevendo e semeando amor, levando o livro para a casa de todos aqueles que precisam de um pouco de esperança, nesse mundo de provas e expiações. Que a luz da criação esteja com todos vocês, shalom!

Att. Eriberto Henrique
CEO da EHS Edições

EHS Edições

www.ingramcontent.com/pod-product-compliance
Lightning Source LLC
LaVergne TN
LVHW012117170826
845678LV00014BA/2982

* 9 7 8 6 5 8 8 8 8 3 4 3 3 *